TABLEAUX

MODERNES

COLLECTION BONNET

CATALOGUE

DE LA COLLECTION

DE

TABLEAUX

MODERNES

Composant le Cabinet de M. **BONNET**,

DONT LA VENTE AURA LIEU

HOTEL DES VENTES MOBILIÈRES,

RUE DES JEUNEURS, N. 42,

Salle n. 3,

LE SAMEDI 19 FÉVRIER 1853, A UNE HEURE,

Par le ministère de Mᵉ **RIDEL**, Commissaire-Priseur,
rue Saint-Honoré, 338,

Assisté de M. **FEBVRE**, appréciateur, rue de Choiseul, 13,

Chez lesquels se distribue le présent Catalogue.

EXPOSITION PUBLIQUE

Le Vendredi 18 Février 1853, de midi à cinq heures.

PARIS

MAULDE ET RENOU,

IMPRIMEURS DE LA COMPAGNIE DES COMMISSAIRES-PRISEURS,
rue de Rivoli prolongée, au coin de la rue de l'Arbre-Sec.

1853

CONDITIONS DE LA VENTE.

Elle sera faite au comptant.

Les acquéreurs paieront, en sus des adjudications, cinq pour cent applicables aux frais.

LE PRÉSENT CATALOGUE SE DISTRIBUE

A Bruxelles. { Chez MM. Arthur Steven.
              { Héris, Expert du Musée Royal.

A Anvers.   { Édouard Terbruggen, Greffier.

DÉSIGNATION

DES TABLEAUX

N° 1.

BARON.

Un Peintre dans son atelier.

N° 2.

BONINGTON.

Marine.

Sépia.

N° 3.

—

BONINGTON.

Autre Marine.

Sépia.

N° 4.

—

DECAMPS.

Femmes orientales à la fontaine.

N° 5.

—

DECAMPS.

Vieux pâtre assis, soleil couchant.

N° 6.

DECAMPS.

Quand les canes vont aux champs,
La première va par devant, etc.
(Ancienne chanson populaire.)

N° 7.

DECAMPS.

Nature morte.

Aquarelle.

N° 8.

DELACROIX (Eug.).

Tigre dans un paysage.

N° 9.

—

DELACROIX (Eug.).

Marphise.

(L'Arioste, *Roland furieux*.)

———

N° 10.

—

DELACROIX (Eug.).

Christ en croix.

———

N° 11.

—

DELACROIX (Eug.).

Prise de Constantinople.

(Première pensée du tableau de Versailles.)

N° 12.

—

DIAZ.

Bohémiens.

N° 13.

—

DIAZ.

Baigneuse vue de dos.

N° 14.

—

DIAZ.

Calisto écoutant les conseils de l'Amour.

N° 15.

—

FRÈRE (Édouard).

La Prière du matin.

Febvre

N° 16.

—

FRÈRE (Edouard).

Intérieur.

Durand Ruel

N° 17.

—

GÉRICAULT.

Cheval romain, avant la course.

Lefevre

N° 18.

—

GUILLEMIN.

La Poule aux œufs d'or.

N° 19.

—

GUILLEMIN.

L'Education du geai.

N° 20.

—

ISABEY.

Cérémonie religieuse.

N° 21.

—

LAMBINET.

Paysage.

N° 22.

—

LAMBINET.

Paysage.

N° 23.

—

LOUBON.

Chasse au lièvre.

Nº **24.** *de Cabrol*

—

MEISSONIER.

Gentilhomme Louis XV lisant une lettre.

———

N **25.**

Reinach

—

PLASSAN.

Le Coin du feu.

———

Nº **26.**

Alexis

—

ROUSSEAU (THÉODORE).

Paysage.

N° 27.

—

ROUSSEAU (Philippe).

Nature morte.

———

N° 28.

—

ROUSSEAU (Philippe).

Chiens bassets.

———

N° 29.

—

ROQUEPLAN.

Le Lézard.

N° 30.

—

ROQUEPLAN.

L'Hymen jaloux de l'Amour.

———

N° 31.

—

ROQUEPLAN.

Sujet vénitien.

———

N° 32.

—

ROQUEPLAN.

Béarnaises se rendant au marché.

N° 33.

—

ROQUEPLAN.

J.-J. Rousseau cueillant des cerises.

N° 34.

—

TASSAERT.

Suicide d'un violoniste.

(Extrait du *Droit*. Décembre 1851.)

N° 35.

—

TROYON.

Animaux au repos.

N° 36.

TROYON.

Bœufs traversant un gué.

N° 37.

TROYON.

Vaches à l'abreuvoir.

N° 38.

TROYON.

Taureau, effet d'orage.

126

N° 39.

—

Van Isacker

ZIEM.

Vue de Rome.

Mme Verdet de Lisle, La petite fille au petit chien

370

MAULDE et RENOU, Imprimeurs de la Compagnie des Commissaires-Priseurs,
7875 rue de Rivoli prolongée, au coin de celle de l'Arbre-Sec.